42

Lib ss2.

SUR

LA SCISSION

QUI A EU LIEU

DANS L'ASSEMBLÉE ÉLECTORALE

DU JURA.

_____

A PARIS.

De l'Imprimerie du CERCLE-SOCIAL,
rue du Théâtre-Français. An 6,

S U R

LA SCISSION

Q U I A E U L I E U

DANS L'ASSEMBLÉE ÉLECTORALE

D U J U R A.

———————

A JUGER des choix qui devoient se faire
dans le Jura , par le grand nombre de patriotes dont paroissoit composée l'assemblée
électorale , il étoit à présumer que les républicains pourroient lutter avec succès contre le
parti royaliste, et donner à la patrie des fonctionnaires publics dignes de sa confiance. Cet
espoir consolant s'évanouit dès les premières
séances de l'assemblée. Quelques meneurs
adroits , connus par leur dévouement au
royalisme, puissamment secondés par le mau-
vais esprit qui règne à Lons-le-Saunier , cir-
conviennent, de toutes les manières, la masse
crédule des électeurs. La calomnie est déversée

à pleines mains sur les républicains prononcés dont on redoute l'ascendant. La terreur, la cabale, la séduction, tous les ressorts de l'intrigue sont mis en jeu : des listes de candidats sont distribuées ; et bientôt, à l'aide de ces manœuvres liberticides, le parti se voit renforcé de tous ceux que n'avoient pu séduire jusqu'alors les nombreux émissaires envoyés dans différens cantons.

Pendant qu'on travailloit ainsi l'assemblée électorale, la gendarmerie saisissoit et envoyoit au ministère de la police un libelle incendiaire (*), où l'on traite la constitution de l'an 3 d'organisation dégoûtante, le Directoire exécutif de spoliateur et d'assassin, les deux Conseils d'usurpateurs et de tyrans.

Déjà le bureau se forme au gré des meneurs. Pour achever de séduire les hommes simples, on met en avant quelques sujets dont on vante exclusivement la probité, et bientôt à côté d'eux, l'on voit figurer au bureau un

---

(*) En faisant perquisition de prêtres réfractaires, dont le Jura fourmille, la gendarmerie a trouvé un de ces pamphlets dans un de leurs repaires, à l'hôpital de Lons-le-Saunier.

Clerc , ex-accusateur public , fameux par son indulgence pour les égorgeurs , les émigrés et les prêtres réfractaires. La perfidie de ce mélange d'hommes probes et d'hommes tarés , siégeant l'un à côté de l'autre , étoit signalée par le sourire moqueur des meneurs ; sourire atroce qui dénotoit leur prépondérance , et laissoit entrevoir la noirceur de leurs projets.

Tant de symptômes alarmans avoient déjà déterminé un certain nombre de membres à faire scission ; mais ils jugèrent prudent de différer jusques après la vérification des pouvoirs.

Lors de la formation du bureau, on s'étoit joué (*) des formalités prescrites par les lois ; dans la vérification des pouvoirs , les me-

(*) Lors du recensement pour la présidence , on trouva dans le vase contenant le nom des votans , deux cent quatre-vingt-neuf billets , dont quatre blancs ; et dans celui des votes , deux cent quatre-vingt-trois bulletins seulement : on réclama , mais en vain, un nouveau recensement.

On ne voulut pas permettre à aucun électeur,de s'approcher du bureau pour être témoin du dépouillement du scrutin. *Voyez* le procès-verbal de l'assemblée scissionnaire.

neurs prouvèrent qu'ils se jouoient du fond
comme de la forme. Par leur influence funeste,
ils firent admettre dans l'assemblée électorale
des individus du canton de Colonne, nommés
sous les auspices d'un bureau royaliste, par dés
hommes qui, tournant en ridicule le serment
de haine à la royauté et à l'anarchie, avoient
juré fidélité à leurs femmes, à leur bouteille,
et fait publiquement l'éloge des royalistes (*).

Double assemblée primaire avoit eu lieu
dans le canton d'Arlay. L'une tenue selon les
formes légales, avoit nommé des républicains
pour électeurs ; l'autre avoit violé toutes les
lois, et fait des choix très-équivoques. Mal-
gré l'avis de la commission et les réclamations
des patriotes, la première fut rejettée, et
l'autre admise au milieu des applaudisse-
mens (**).

L'assemblée primaire du canton de Cou-

(*) Ces faits sont prouvés par le procès-verbal de l'assemblée primaire de Colonne, et par une dénonciation
d'un très-grand nombre de citoyens, dont l'assemblée
électorale n'a pas permis de faire lecture.

(**) *Voyez* le procès-verbal de l'assemblée scissionnaire.

sances , entièrement livrée aux prêtres réfractaires , votant sous la présidence d'un
réquisitionnaire fanatique , foulant aux pieds
toutes les lois , admettant dans son sein des
frères d'émigrés , des fils de faillis , des individus non portés sur le rôle des contributions,
avoit forcé quatre-vingts républicains à se re-
tirer , et nommé pour électeurs un Micholet,
fils de failli, un Michaud, guide d'assommeurs,
et deux autres individus accusés de royalisme.
Ces faits étoient attestés par une pétition
adressée au président , signée de près de
quatre-vingts votans. L'assemblée , toujours
par l'influence des meneurs , refusa d'en pren-
dre lecture , et approuva les choix du canton
de Cousances .*).

Persuadés qu'ils n'avoient rien de bon à
attendre d'une assemblée où la voix de la
justice et celle de la patrie étoient également
méconnues ; convaincus que voter plus long-
temps avec des hommes timides et prévenus,
foibles jouets d'une poignée de meneurs ,
c'étoit trahir la confiance de leurs commet-

(*) La pièce qui atteste ces faits , est jointe au procès-
verbal de scission.

tans et les intérêts de la république, vingt-un électeurs formant un noyau, se séparèrent, en avertissant l'assemblée de lenr retraite.

D'après des apperçus certains (*), ce noyau assez considérable n'eût pas manqué d'entraîner après lui un nombre très-imposant ; mais le même esprit qui dictoit les choix de l'assemblée scissionnée, sut, par une tactique savante, isoler les scissionnaires de leurs confrères.

C'est ici le lieu de reprocher à l'administration centrale et à son commissaire la partialité révoltante dont ils se sońt rendus coupables.

Constituée provisoirement à l'auberge du Mouton, l'assemblée scissionnaire, par l'organe de son président, invite l'administration centrale à lui désigner un local convenable à sa dignité, et à lui procurer les objets nécessaires à l'exercice de ses fonctions. Deux lettres lui sont successivement adressées

----

(*) Plusieurs ballotages antérieurs et postérieurs à la scission ont prouvé que les citoyens Doudeau, Mallet et Liébaud, nommés représentans par l'assemblée scissionnaire, avoient également la confiance d'un grand nombre d'électeurs de l'assemblée scissionnée, qui n'ont pas osé suivre le noyau ; ici retenus par la crainte, là détournés par l'artifice.

à ce sujet. Point de réponse ni à l'une ni à l'autre. Le commissaire du Directoire averti par une lettre particulière de l'obstination de l'administration centrale, et invité d'agir conformément à l'article XLIII de l'acte constitutionnel, ne répond au porteur que par des invectives dégoûtantes. Cette conduite forme un singulier contraste avec celle qu'ont tenue divers corps administratifs en pareille circonsconstance. A Paris, sous les yeux du gouvernement, une scission s'opère ; on fournit un local à l'assemblée scissionnaire, et la force armée est chargée de protéger ses opérations. Comparez et jugez, administrateurs du Jura, et dites-nous si, en contrariant l'assemblée scissionnaire de votre département, vous avez eu autre chose en vue que votre intérêt personnel. Vous saviez que l'assemblée scissionnée vous honoroit de sa confiance, et vous n'ignoriez sans doute pas que l'amour de la patrie faisoit à l'assemblée scissionnaire un devoir impérieux de vous refuser la sienne.

Non-content de priver l'assemblée scissionnaire d'un appareil légal qui devoit, en la rendant imposante, lui attirer grand nombre de membres, l'esprit de parti alla plus loin. On fit siffler de toutes parts les serpens de la calomnie contre les scissionaires ; on les accu-

sa de ne s'être séparés , que pour se distribuer
les emplois publics ; on répandit le bruit de
leur arrestation prochaine et mille autres ex-
travagances qui , terrifiant les électeurs cré-
dules , les obligèrent ou à rester par crainte
dans l'assemblée scissionnée , ou à fuir pour
n'être ni de l'une ni de l'autre.

Si ces menées ténébreuses du royalisme et
de l'intrigue , servirent à détourner beaucoup
d'électeurs de l'assemblée scissionaire , elles
ne l'empêchèrent point de consommer ses
opérations. La sagesse de ses choix la venge
d'une manière bien honorable des traits que
la calomnie a lancés contre elle.

Chercher hors de leur sein , hors du cercle
de leurs amis et de leurs proches , des fonctionnaires publics qui , aux qualités d'hommes
probes , éclairés , républicains , réunissent le
rare avantage d'être étrangers à toutes les fac-
tions ; des fonctionnaires publics qui n'ayant
eu aucune part aux agitations du Jura , soient
inaccessibles à tout esprit de réaction et de
vengeance ; des fonctionnaires publics , en
un mot , capables par leur sagesse , leur im-
partialité et leur républicanisme , de faire
revivre l'ordre , l'union et la liberté dans le département , tel est le but que se sont proposé
les membres de l'assemblée scissionnaire du

Jura: ils osent se flater de l'avoir atteint. Nom-
mer les représentans qu'ils ont choisis, c'est
faire l'éloge de leurs opérations. Le citoyen
Doudeau, ministre de la police, a été nommé aux Anciens ; les citoyens Mallet, adju-
dant général, et Liéband, homme de lettres,
de Salins, résidant à Paris, ont été nommés
aux Cinq-Cents.

Après avoir continué aux Anciens Vernier (*), et nommé *par politique* aux Cinq-
Cents, les citoyens Grenot et Germain ; l'assemblée scissionnée semble s'être entièrement
abandonnée à l'esprit des meneurs. Ebrard a
été nommé haut-juré ; l'administration centrale (**) a été continuée ; Perrin, juge du

_____

(*) Sitôt après la nomination de Vernier, les individus accusés d'avoir participé aux massacres, ont reparu
sur la place de Lons-le-Saunier, la joie peinte sur le
visage. Il est certain qu'immédiatement après le dépouillement du scrutin, le frère de l'égorgeur Piard a été ap-
perçu montant à cheval, pour aller, disoit-on, porter
cette agréable nouvelle aux *honnêtes gens* des environs.
Ainsi Vernier, dont on n'attaque point la probité indivi-
duelle, sert d'égide à de faux républicains qui tirent parti
de sa foiblesse.

(**) Il existe à la police des charges très-graves contre
cette administration. Le rapport a dû en être fait au Directoire, qui, sans doute, ne tardera pas à prononcer
sur cette affaire.

tribunal criminel pendant la réaction, et déplacé par le Directoire, a été remis en place. Clerc, ex-accusateur public, alloit être également réintégré, si lui-même, sentant la mal-adresse d'un pareil choix, n'eût refusé des suffrages qui compromettoient évidemment son parti.

L'assemblée scissionnaire n'a point de pareils choix à se reprocher. Elle n'a porté aux fonctions publiques que de vrais hommes de bien, de sincères amis de la République, de la constitution de l'an 3, et du gouvernement. Si ses choix ne sont pas approuvés, du moins ne lui enlevera-t-on pas la douce satisfaction de s'être dévouée pour le bien de la patrie et la délivrance d'un département comprimé depuis si long-tems (*).

CÉLESTIN MOREL.

(*) Les heureux fruits de la journée du 18 fructidor ont à peine été sensibles dans le Jura. Sans la troupe qui est à Lons-le-Saunier, sans la gendarmerie, qui aujourdhui est excellente, sans le capitaine Ruffard, républicain estimable sous plus d'un rapport, sur-tout par son civisme ardent et son rare courage, les royalistes y feroient la loi comme avant fructidor.